Nicolas Delaunay, né à Paris, le 20 Septembre 1739, à peine sorti de l'enfance, entra chez M. Lempereur; école où il parcourut avec rapidité les premiers élémens de son Art. Bientôt le fruit de ses études, secondant ses heureuses dispositions, lui fit entreprendre, avec un égal succès, l'Histoire, le Portrait & le Paysage. Le Roland de l'Arioste & les Métamorphoses d'Ovide lui doivent aussi une grande partie de leurs ornemens. Enfin, en 1776, entre plusieurs morceaux qu'il présenta à l'Académie Royale de Peinture, la marche de Silène, qu'il venoit de graver, lui attira les justes suffrages des Académiciens, qui l'agréerent à l'unanimité. Celle des Beaux-Arts de Danemarck, sur la haute opinion que lui avoit donné les ouvrages de notre Artiste, s'empressa de l'admettre au nombre de ses Membres (1).

L'Académie désirant s'attacher de plus près un aussi grand talent, M. Pierre, alors Directeur, lui donna les portraits de MM. Detroy & le Clerc fils, & l'on peut dire que la belle maniere dont il les a gravés peut le faire regarder comme un digne émule des

---

(1) Le 24 Avril 1780.

Grands Artiftes en ce genre (1). Nous ne nous permettrons pas de plus longues réflections fur un homme généralement regretté, & en qui les Artiftes ont perdu un ami zélé, & fes Parents un modèle de vertus.

ORDRE DE LA VENTE.

Le lundi 7, les Tableaux, Gouaches, Deffins & autres objets de ce genre.

Les mardi 8 & mercredi 9, les Eftampes encadrées, en feuilles & en volumes.

Le jeudi 10, le refte des Eftampes & les Planches gravées, &c.

---

(1) Ces deux Portraits lui ont fervi de morceaux de réception à l'Académie, où il fut admis en Août 1789.

Vente du Baron J. Pichon

CATALOGUE
DE TABLEAUX.

GOUACHES, Dessins & Estampes encadrés & en feuilles, des Ecoles d'Italie, des Pays-Bas & de France; dans le nombre des Estampes, il s'en trouve plusieurs Epreuves avant la lettre, par MM. Wille, Beauvarlet, Porporati, Bervic, Blot, Muller, & autres Graveurs célèbres; ouvrages & suites de Vignettes, Fonds de Planches gravées, & autres objets précieux;

Provenans du Cabinet de feu M. DELAUNAY, Graveur du Roi, Membre des Académies Royales de Peinture & de Sculpture de Paris & de Copenhague.

PAR J. FOLLIOT ET F. DELALANDE.

Dont la Vente commencera le Lundi 7 du mois de Mai 1792, trois heures de relevée, en sa maison, rue Saint-André-des-Arts; vis-à-vis celle des Grands Augustins, où l'on verra les objets qui la composent, le Dimanche 6, depuis dix heures du matin jusqu'à une heure après midi.

Le présent Catalogue se distribue

A PARIS,

Chez M^{rs}. { FOLLIOT, Peintre, rue Montmartre.
DELALANDE, Peintre, rue Montmorenci, N.° 22.

M. DCC. XCII.

CATALOGUE
DE TABLEAUX,

Gouaches, Deſſins & Eſtampes encadrés & en feuilles des Ecoles d'Italie, des Pays-Bas & de France ; fond de Planches gravees, & autres objets précieux,

Du Cabinet de feu M. Delaunay,

Graveur du Roi, & Membre des Académies de Peinture & Sculpture de Paris & de Copenhague.

TABLEAUX.

Charles Cignani & Mario Nuzzi ou Dei Fiori.

N° 1 Vénus carreſſée par l'Amour. La Déeſſe eſt vue à demi-couchée ſur une draperie bleue, les cheveux treſſés & enlacés de perles ; elle paroît vouloir profiter de cet inſtant pour déſarmer ſon Fils. Cette charmante composition est entourée d'une guirlande de fleurs, peinte par *Nuzzi*. Hauteur 19 pouces, largeur 22 pouces. Ce Tableau, peint sur Marbre, provient de la vente de M. le Prince de Conti, N°. 38 du Catalogue.

Gérard Lairesse.

2 Tarquin & Lucrèce; un riche fond d'Architecture & diverses accessoires ornent cette composition qui est peinte sur une toile de 34 pouces de haut sur 28 de large.

Charles de la Fosse.

3 Pyrame & Tisbée, composition de quatre Figures dans un riche fond de Paysages : l'instant est celui où Pyrame expirant est retrouvé par son Amante. Ce Tableau, d'une exécution libre, est peint sur toile, de 34 pouces de haut sur 42 de large.

Nicolas Bertin.

4 Silène ivre & entouré de Pampres par un jeune Satyre & une Bacchante; un autre Satyre lui offre, en dansant, une coupe de vin; des Rochers enrichis de masses d'arbres, terminent cette com-

position qui est peinte sur bois, & porte 12 pouces de haut sur 17 de large : on en connoît l'Estampe gravée par feu M. *Delaunay* sous le titre de *la Gaîté de Silène.*

M. Honoré Fragonard.

5 Deux Compositions de cet Artiste : elles offrent des Intérieurs de chambres rustiques : dans l'un, un jeune Enfant monté sur un grand coffre, paroît prononcer un discours qui attire l'attention de toute la famille ; l'autre offre des Enfans jouants avec des Chiens : ils sont peints sur toile, & portent 20 pouces 6 lignes de haut sur 24 de large. On en connoît l'Estampe gravée par feu M. *Delaunay,* sous les titres du *Petit Prédicateur,* & *l'Education fait tout.*

Par le même.

6 Vue intérieure d'un Jardin : sur le devant des jeunes Filles & des jeunes Garçons jouent au Colin-Mayard ; des Masses de Paysages & des Cascades terminent cette agréable production qui est peinte sur toile, & porte 14 pouces de haut sur 16 pouces 6 lignes de large.

D'après le même.

7 L'Étude guidé par l'Amour, compofition peinte fur toile, de 23 pouces de haut fur 18 pouces 6 lignes, forme ovale.

M. Trinqueffe.

8 Une jeune Fille vue à mi-corps, la tête coëffée en cheveux treffés de fleurs, & fe couvrant la gorge avec une guirlande de rofes, peinte fur toile de 29 pouces de haut fur 21 de large, forme ovale.

M. Van-Goop.

9 Un Intérieur d'Appartement. On y voit un Enfant conduifant une jeune Femme & lui faifant remarquer le portrait de fon Père. Divers Acceffoires ornent cette compofition, qui eft peinte fur toile & porte 12 pouces de haut fur 14 pouces 6 lignes de large. M. Delaunay vient de graver, d'après ce tableau, une Planche qui eft très-avancée.

10 Neuf Tableaux & copies d'après *Raphaël, Rubens, Van-Dyck, Teniers, Louterbourg, Mayer, Brenet*, &c. qui feront divifés fous ce numéro.

GOUACHES.

M. Lavreince.

11 Un Intérieur d'Appartement, dans lequel une jeune Femme à sa toilette reçoit des Marchands & paroît consulter un Abbé qui lorgne les étoffes : sur le devant on remarque un jeune homme qui accorde une guittarre. Cette charmante composition, de neuf figures, est connue par l'Estampe qu'en a gravé M. Delaunay, sous le titre : *Qu'en dit l'Abbé ?* Hauteur, 14 pouces 6 lignes ; largeur 11 pouces.

Par le même.

12 Un Intérieur de Boudoir, dans lequel on voit une jeune Femme assise sur un Sopha, ayant un homme à ses genoux. Cette agréable production a été gravée par le même, sous le titre de *l'Heureux moment*, hauteur 10 pouces 6 lignes ; largeur, 8 pouces.

Par le même.

13 Un autre Intérieur d'Appartement. On y voit une jeune Fille endormie & assise

près d'une toilette. Un jeune Homme paroît profiter de son sommeil pour lui découvrir la gorge. Cette composition vient d'être gravée par M. Delaunay, & la Planche est très-avancée. Hauteur, 10 pouces 6 lignes; largeur, 8 pouces.

Baudouin.

14 Loth & ses Filles, composition de trois figures dans un fond de Paysage. Cette gouache a été exposée par l'Auteur au Salon de 1761. Hauteur 5 pouces; largeur, 6 pouces 6 lignes.

Jean Hackert, 1768.

15 Deux très-jolis Paysages, enrichis de Chûtes d'eau & Masses d'arbres, & ornés sur les devants de Figures & d'Animaux, Hauteur, 5 pouces, largeur 6 pouces.

DESSINS ENCADRÉS.

16 Dix Dessins compositions & études; par Callot, Boucher, Lépicier, Bidault & autres, qui seront divisés sous ce numéro.

17 Dix-huit Dessins pour les Contes de la Fontaine, & les Œuvres de M. St.-Marc, faits à la mine de plomb, par Eisen.

18 Sept Dessins pour la suite du Roland

Furieux ; faits à la sanguine, par Cochin.

19 Quatre, par le même & Pierre, à la sanguine & à la mine de plomb, pour différens ouvrages.

20 Quinze Deſſins pour le Roland Furieux & Adele de Ponthieu, par M. Moreau le jeune, faits à la plume, lavés d'encre & de biſtre.

21 Six Deſſins, par MM. Choffard, Marillier & Lorimier, à la plume, lavé au biſtre & à la ſanguine. Payſages, cul-de-lampe, &c.

22 Deux Deſſins, par M. Fragonard; un Intérieur de Jardin où l'on voit deux Femmes faiſant jouer des Enfans avec un chien; l'autre, des jeunes Filles, cachées derrière un rideau & jouant avec des Fleurs.

23 Trois Payſages pittoreſques, librement deſſinés à la pierre noire & à la ſanguine, par M. Huet.

24 Une jeune Fille vue à mi-corps, les mains jointes & paroiſſant invoquer le ciel; Deſſin ſoigneuſement fait à la ſanguine, par M. Wille fils.

25 Vénus & l'Amour, gouache faite par

(12)

M. Borel, d'après le Tableau de Cignani, n. 1. du préfent Catalogue.

26 Des Femmes & des Enfans jouants avec un chien, deffin à plume & coloré, d'après M. Fragonard.

DESSINS EN FEUILLES.

27 Huit Deffins, par Aubri, Freudeberg, La Rue, le Barbier & autres, dont la gaieté conjugale, fait à la mine de plomb, fujet connu par l'Eftampe qu'en a gravé M. Delaunay.

28 Onze Deffins, Sujets & Études, faits à l'aquarelle, par Mayer Krans, Carême & autres, dont deux Intérieurs de Chambre ruftique.

29 Douze Deffins, Payfages & Études d'Animaux, par M. Huet & autres, aux crayons noirs & à la fanguine fur différens papiers.

30 Vingt-cinq Deffins, par Eifen, MM. Moreau & Choffard, faits à la mine de plomb & à la plume, lavé de biftre; dont deux Sujets de Pigmalion.

31 Trente-deux Deffins & Contre-Preuves,

par la Rue, Lafosse & autres Sujets de Sacrifice, Bacchanales & Jeux d'Enfans, à la plume lavés de bistre.

32 Vingt-huit Dessins, par Eisen, MM. Moreau & Marillier, dont plusieurs pour les Contes de la Fontaine & l'Histoire Philosophique de M. l'Abbé Raynal, &c.

33 Quatorze Dessins pour la suite du Roland Furieux de l'Arioste, faits à la mine de plomb & à la plume, lavés d'encre & de bistre, par Eisen & M. Monnet.

34. Cent-dix Dessins faits à la plume, lavés d'encre de la Chine, par M. Marillier, pour les Œuvres de M. le Sage & de M. l'Abbé Prevost.

35 Quatre-vingt-dix-sept Dessins, par le même, pour la suite des Contes imaminaires & les Œuvres de M. de Tressan.

36 Cent-treize Dessins pour les Contes des Fées de Perrault & autres, par le même.

37 Vingt-quatre Dessins pour la suite des Œuvres de M. de Caylus, faits à la plume, lavés d'encre de la Chine, par le même.

38 Vingt-cinq Dessins & Contre-Preuves, Têtes & Académies, par Vanloo, Boucher & M. Huet.

39 Cent-vingt Dessins & Études, par différens Maîtres.

ESTAMPES ENCADRÉES.

40 Clytie, d'après Annibal Carrache, par Bartolozzi.

41 Le Génie de la Gloire, d'après le même, par Jardinier.

42 La mort de Marc-Antoine, d'après Pompeo Battoni; par M. Wille.

43 La même Estampe double.

44 Le Jardin d'Amour, d'après Rubens, par M. Lempereur, prem. ép.

45 Le Rachat de l'Esclave, d'après Berghem, par Aliamet.

46 Les Musiciens ambulans, d'après Dietricy, par M. Wille.

47 L'Accordée de Village, d'après M. Greuze, par Flipart.

48 Deux Pièces, d'après le même, dont le Silence, par Cars & Jardinier, ép. avant la lettre.

49 Trois Pièces, d'après le même, par Flipart & Jardinier; la Pleureuse, la Tricoteuse, &c.

50. La Tempête, d'après Vernet, par Balechou.

51 La Fille grondée & Pendant, d'après Baudouin, par M. Choffard.

52 Le Vérouil, d'après M. Fragonard, par M. Blot, ép. avant la lettre.

53 Trois Cadres, contenant la Suite des Misères de la Guerre, en dix-huit Pièces, par J. Callot.

54 Six Vignettes, par Flipart, Aliamet, Sornique & autres, dont la petite Peste.

55 Le Portrait de Bossuet, d'après Rigaud, par Drevet.

56 Le Portrait de Mademoiselle Lecouvreur, d'après Coypel, par Drevet; ép. avant l'E.

57 Trois Portraits, par Fiquet; Madame de Maintenon, Descartes, & la Fontaine.

58 Quatre autres, par le même, dont Corneille, Voltaire, J.-B. Rousseau, &c.

ESTAMPES GRAVÉES PAR FEU M. DELAUNAY.

59 La Marche de Silène, d'après Rubens.

60 La Partie de Plaisir, d'après Weeninx, ép. avant la lettre.

61 Quatre Pièces; d'après Dietricy & autres; Ruines Romaines, Chûte dangereuse & Pendant.

62 Angélique & Médor, d'après Raoux.

63 Quatre Pièces, d'après le Prince & Pierre, lettre envoyée & Pendant, &c.

64 Quatre Estampes, d'après Bertin, le Prince & Aubri; le Bonheur du Ménage; l'Enfant chéri; l'Abus de la crédulité, & la Gaîté de Silène. Cette dernière est avant la Lettre.

65 Première Leçon d'amitié fraternelle, d'après Aubri, Epreuve avant la Lettre.

66 Cinq Estampes, d'après Baudouin; la Sentinelle en défaut, le Carquois épuisé & Pendants, & le Poëte Anacréon. Cette dernière est avant la Lettre.

67 Quatre Estampes, d'après Freudeberg; la Félicité Villageoise, la Gaîté conjugale, le Petit-Jour, & la Complaisance maternelle.

68 La Bonne-Mère, d'après M. Fragonard, épreuve avant la Lettre.

69 La même Estampe, première Epreuve, avec le cercle blanc.

70 Les Hasards heureux de l'Escarpolette, & le Chiffre d'Amour.

71 Cinq autres, d'après le même, & Mademoiselle Gérard; l'Heureuse Fécondité: dites donc, s'il vous plaît, le

Petit

Petit Prédicateur & Pendant, & les Regrets mérités.

72 Quatre d'après M. Lavreine, Qu'en dit l'Abbé, le Billet Doux, l'Heureux Moment, & la Confolation de l'Abfence.

73 Deux Armées aux prifes, au bord d'un fleuve. Septième Pièce de la Suite des Batailles de la Chine, d'après le J. Damafcène, de la Société de Jéfus.

74 Quatre Cadres, contenant 19 Vignettes pour le Roland, le Télémaque, la Nouvelle Héloïfe, &c. d'après Cochin & M. Moreau.

75 Douze autres pour les Ouvrages de J. J. Rouffeau, & M. l'Abbé Raynal, &c. d'après M. Moreau & autres.

76 Sept Portraits, dont ceux de Voltaire, Sébaftien, Le Clerc, Detroy, MM. Necker & l'Abbé Raynal.

ESTAMPES EN FEUILLES.

Ecole d'Italie.

77 Douze Pièces, d'après Raphaël, Cortone, le Corrège, le Titien & autres,

(18)

dont la Sainte-Famille, par François Spierre ; les autres, par Bloemaert, Poilly, Boulanger, &c.

78. Vénus carressant l'Amour, d'après Pompeo Battoni, par M. Porporati, épreuve avant la Lettre.

79 Quatre Pièces, d'après le Carrache, le Titien & Alexandre Véronèse, dont l'Attente du plaisir, par M. Lempereur, ép. avant la lettre ; Jupiter & Léda, & la Vénus Anadyomède, par M. Saint-Aubin.

80 La Mort de Marc-Antoine, d'après Battoni, par M. Wille, ép. avant la lettre.

81 Cinquante-six pièces, d'après Michel-Ange, Jules Romain, Alexandre Véronèse, Luc Jordans & autres, dont Jupiter & Leda, par M. Saint-Aubin, Apollon & Daphné, par Levasseur, ép. avant la lettre.

82 Soixante-huit Pièces de différens Maîtres Italiens, dont plusieurs par Jean Lanfranc, & Pietro Testa, &c.

ÉCOLE DES PAYS-BAS.

83 Mutius Scevola, d'après Rubens, par Schmuzer.

84 Soixante-deux Pièces, d'après le même, & Diepembeck, par Bolſwert Neeffs, C. Galle, Quirin Marck & autres ; Suſanne & les Vieillards, le Martyre de de Saint-Thomas, & les Figures des Métamorphoſes.

85 Quatre Pièces, d'après Antoine Van-Dyck, par Bolſwert & Maſſard, dont le Couronnement d'Epines, & la plus Belle des Mères.

86 Huit Pièces, d'après Rubens, Van-Dyck, Jordaens & Preiſſer, par Bolſwert, Alex. Voet, Corn. Van-Dalen, L. Kilian & autres, dont un grand Chriſt, Jéſus-Chriſt au tombeau, & les Pères de l'Egliſe.

87 Vingt-ſix Pièces, d'après Oſtade Teniers, &c. par Viſſcher, dont la Bohémienne, & les Muſiciens ambulans.

88 Quarante-quatre Pièces, par Bolswert, Baillu, Corn. Cort, Abraham Boſſe, & autres, ſujets divers d'après différens Maîtres.

89 Deux Pièces, d'après le Petit Van-Dyck, par MM. Porporati & Maſſard, Agar, reçue & renvoyée, ép. avant la lettre.

90 Les mêmes Estampes, premières épreuves, avec la lettre.

91 Le Concert de famille, d'après G. Schalken, par M. Wille, épreuve avant la lettre.

92 Agar, présentée à Abraham par Sara, d'après Diétricy, par le même, épreuve avant la lettre.

93 La même Estampe, avec la lettre.

94 Les Offres réciproques, par les mêmes, épreuve avant la lettre.

95 Deux Pièces, par le même; les Offres réciproques & le Petit Physicien. Cette dernière est avant la lettre.

96 Quatre Pièces, par le même; la Mort de Cléopâtre, d'après Netscher, la Tricoteuse, la Ménagère & la Gazettière Hollandoise, d'après Terburg, Mieris, & G. Dow.

97 Quatre Pièces, par Shcmuzer, Flipart, Macret & Massard; la Piscine & les Prémices de l'Amour-propre, d'après Diétricy & Gonzales, &c.

98 Dix Pièces, par Klauber, Langlois, Massard & autres, dont la Cuisinière Hollandoise & le Petit Ecolier, épreuves avant la lettre.

99 Dix-huit Pièces, par Marcenay, Muller, Gaillard, Leveau, Zingg & autres, dont Loth & ses Filles, d'après Hondhorst.

100 Six Pièces, par Bartolozzi, Strange, Earlom & autres, dont Vénus & l'Amour & la Magdeleine aux pieds de Notre Seigneur, manière noire, d'après Rubens.

101 Sept Pièces, par Bartolozzi, Smith & autres, dont une Bacchante, Estampe en couleur, d'après le Chevalier Regnolds.

ÉCOLE FRANÇOISE.

102 Trente-quatre Pièces, d'après le Vouet, le Poussin, le Valentin, le Bourdon, Lebrun, Mignard & autres, par les Andran, Roullet & Poilly, dont les Œuvres de miséricordes, &c.

103 Quarante Pièces, d'après Loyr, Blanchard, Champagne, Boullongne, Detroy, Restou, Coypel & autres, dont Angélique & Médor, par Voyez l'aîné, &c.

104 Quarante Pièces, par Jacques Callot, dont 17 pour les misères de la guerre;

les Sièges de la Rochelle & celui de la Citadelle de Saint-Martin dans l'isle de Ré, en six morceaux chaque.

105 Soixante Pièces, dont plusieurs petites Batailles, par Sébastien Leclerc; le Triomphe de la Peinture, par Bernard Picart, &c.

106 Cinq Pièces, d'après Boullongne, Restou, Colin, de Vermont & Detroy, par Drevet & Levasseur, dont la Présentation au Temple.

107 Sept Pièces, par Levasseur, Miger & Moles, d'après Lemoyne, Restou, Colin, de Vermont, Detroy & l'Epicier, Verdot & Boucher, dont l'Enlèvement de Proserpine, & le *Quos ego*, épreuve avant la lettre.

108 Quatorze Pièces, d'après Lemoyne & Carle Vanloo, par L. Cars, Lempereur, Levasseur, Miger & autres; Hercule & Omphale, les Baigneuses, &c.

109 Trente-deux Pièces, d'après Natoire & Boucher, par Flipart, Aliamet, Ryland, Levasseur & autres, dont plusieurs pour la Chapelle des Enfants-Trouvés, &c.

110 Quarante Pièces, d'après Watteau,

Gillot, Lancret, Pierre & autres, dont l'Enlèvement d'Europe & Hercule & Diomède, par MM. Lempereur & Maâs.

111 Deux Pièces avant la Lettre, par MM. Muller, & Preiſler, Dédale & Icare, d'après M. Vien, & Alexandre Vainqueur de lui-même.

112 Lecture Eſpagnole, d'après Vanloo, par M. Beauvarlet, première épreuve.

113 La Toilette d'Eſther, par le même, d'après Detroy.

114 Deux Pièces, par Flipart; le Paralytique & l'Accordée, d'après M. Greuze.

115 Deux Pièces, d'après le même, par Maſſard; la Mère bien aimée, & la Dame bienfaiſante. Cette dernière eſt avant la Lettre.

116 Deux Pièces, d'après le même, dont le Gâteau des Rois, par Flipart.

117 Deux Pièces, d'après le même; la Dame bienfaiſante, & le Gâteau des Rois, par Flipart & Maſſard.

118 Trois Pièces, la Petite Fille au chien, première épreuve, par M. Porporati; la Tricoteuſe & l'Offrande à l'Amour, épreuve avant la Lettre, par Jardinier & Macret.

119 Neuf Pièces, d'après le même ; par MM. Vanzel, Simonet, Voyez, Delaunay jeune & Maſſard, dont le malheur imprévu, la Cruche caſſée, &c.

120 Deux Pièces, avant la lettre; le Vérouil & le Contrat, d'après M. Fragonard, par M. Blot.

121 Les deux mêmes Eſtampes, avec la lettre.

122 Le Serment d'Amour, d'après le même, par M. Mathieu, épreuve avant la lettre.

123 La Demande acceptée, d'après Lépicié, par M. Bervic, épreuve avant la lettre.

124 Trois Pièces, les Soins & les Délices maternels, & le Philoſophe du temps paſſé, par M. Wille, d'après M. ſon fils, épreuve avant la lettre.

125 Les mêmes Eſtampes, avec la lettre.

126 Deux Pièces, d'après M. Lebarbier, & Mademoiſelle Gérard; les Canadiens au tombeau de leur enfant, par M. Ingouf; & le Triomphe de Minette, par M. Vidal.

127 Deux Pièces, l'Eſſai du Corſet & Pendant, d'après M. Wille le fils, par M. Dennel, épreuve avant la lettre.

128. Quatre Pièces, d'après Leprince, par M. Helman & autres; la Précaution inutile, & le Médecin clair-voyant & Pendant, épreuve avant la lettre.

129 Cinquante-quatre Pièces au lavis, par Leprince & Janinet; les autres en manière de crayon, par Demarteau, d'après Boucher, Cochin, M. Greuze & autres.

130 Six Pièces, d'après Baudouin, par Simonet & M. Ponce; la Toilette & Pendant, Rose & Colas, la Soirée des Tuileries, le Coucher de la Mariée & le Modèle honnête; épreuves avant la lettre.

131 Les mêmes Estampes avec la lettre.

132 Six Pièces avant la lettre, d'après le même, par Simonet, Leveau & M. Ponce, dont l'Enlèvement nocturne, Annette & Lubin, les Cerises, &c.

133 Trois Pièces, d'après le même; les Eveillés & la Fille grondée, et Pendant, par M. Choffard.

134 Trois autres idem, par MM. Ponce & Choffard, les Eveillés & le Lever, & Pendant. Ces deux dernières sont avant la lettre.

135 Six autres, par MM. Ponce & Déghendt;

les Quatre Heures du jour, Annette & Lubin, & les Cerises.

136 Neuf autres, par MM. Ponce, Simonet, Leveau, Voyez, Helman & autres, dont le Fruit de l'Amour secret, le Jardinier galant, &c.

137 Quatre Pièces avant la lettre, d'après M. Lavreince, par MM. de Quevauvillier, Varin & Langlois, dont l'Assemblée au Salon & au Concert.

138 Cinq Pièces avant la lettre, d'après le même & M. Borel, par M. de Quevauviller, dont l'Indiscret, & Pendant, le Lever & le Coucher des Ouvrières en modes.

139 Six Pièces avant la lettre, d'après le Prince, M. Fragonard & autres, dont le Pot au lait, & Pendant, par M. Ponce.

140 Six Pièces avant la lettre, d'après Madame Lebrun, M. Lavreince & autres, par MM. Delignon, Sarp, Dambrun, Delaunay jeune, dont Vénus qui enchaîne l'Amour, les Soins mérités, &c.

141 Six Pièces avant la lettre, dont l'Acte d'humanité & la Reconnoissance de Fonrose, d'après Aubry & M. Defraine, par M. Delaunay jeune.

142 Quatre Pièces, par le même & M. Guttemberg, le Mariage rompu & conclu, & le Rendez-vous de chasse d'Henri IV.

143 Six Pièces, dont la Chemise enlevée, d'après M. Fragonard, & le Mariage rompu, d'après Aubry ; épr. avant la lettre.

144 Douze Pièces, dont l'Innocence en danger, et le Directeur de toilette, d'après M. Lavreince, par MM. Caquet & Voyez l'aîné.

145 Quinze Pièces, dont plusieurs avant la lettre, d'après l'Epicié, MM. Lagrenée, Peters & Challe ; l'Occasion favorable, Vénus & l'Amour, le Jardinier en repos, &c.

146 Quinze Pièces, dont l'Armoire, par M. Fragonard, la Bergère des Alpes, & l'Heureuse Nouvelle, d'après Aubri, par Leveau & Simonet, &c.

ESTAMPES gravées par feu M. Nicolas Delaunay.

147 Deux Pièces, d'après Rubens & Weeninx, la Marche de Silène, & la Partie de plaisir ; épreuves avant la lettre.

148 Les mêmes Estampes avec la lettre.

149 Trois Pièces avant la lettre, d'après Loutherbourg, Mayer & le Prince; la Chûte dangereuse, la Lettre renvoyée, & Pendant.

150 Les mêmes Estampes avec la lettre, & de plus, le Four à chaux.

151 Quatre Pièces, d'après Baudouin; le Carquois épuisé, la Sentinelle en défaut, & Pendans; épr. avant la lettre.

152 Les quatre mêmes Estampes avec la lettre.

153 Deux Pièces, d'après Raoux & Aubri, Angélique & Médor, & la Première Leçon d'amitié fraternelle; épr. avant la lettre.

154 Les mêmes Estampes avec la lettre.

155 La Bonne Mère, d'après M. Fragonard; épr. avec le cercle blanc.

156 Six Pièces, d'après le même & Mlle. Gérard; l'Heureuse fécondité, les Beignets, *Dites donc s'il vous plaît*, le petit Prédicateur, l'Education fait tout, & les Regrets mérités; épreuves avant la lettre.

157 Les mêmes Estampes avec la lettre.

158 Six autres, d'après Bertin, Baudouin, Freudeberg & le Prince; la Gaîté de Silène, le Poëte Anacréon, l'Abus de la crédulité, la Gaîté conjugale, la Félicité villageoise, le Bonheur du ménage, & l'Enfant chéri; épreuves avant la lettre.

159 Les mêmes Estampes avec la lettre.

160 Trois Pièces, d'après Freudeberg & M. Lavreince; l'Heureux moment, la Complaisance maternelle, la Consolation de l'absence; épreuves avant la lettre.

161 Les mêmes Estampes avec la lettre; & de plus, le Petit jour.

162 Quatre Pièces, d'après MM. Fragonard & Lavreince; les Hasards heureux de l'Escarpolette; le Chiffre d'Amour, *Qu'en dit l'Abbé?* & le Billet doux; épreuves avant la lettre.

163 Les mêmes Estampes avec la lettre.

---

164 Les Batailles de la Chine, en seize Pièces, gravées par Lebas, Aliamet, MM. Delaunay, Prevost, Saint-Aubin, Née & Masquelier, d'après les dessins

faits sur les lieux par les Missionnaires Jésuites. La seizième n'est qu'à l'eau-forte.

165 Vingt-deux Pièces, Paysages & Ruines, par la Belle; & d'après J. Paul Pannini, par Moyreau, Tardieu, &c.

166 Vingt-quatre Pièces, Chasses & Paysages, d'après Ph. Wouwermants, par Wisscher, Danckerts, Tischler, Moyreau, Lebas, M. Strange & Daudet.

167 Trente-quatre Pièces, d'après le même, par Laurent, Aveline, Chedel, Beaumont, Moyreau, & autres.

168 Quinze Pièces, d'après Nic. Berghem, Paysages & Animaux, gravées par Jean Wisscher & Danckerts.

169 Deux Pièces, d'après le même, par J. Aliamet; le Rachat de l'Esclave, & la Grande Chasse au cerf, épreuve avant la lettre.

170 Un Paysage, en hauteur, avec Rocher, par les mêmes, & de la suite de la Galerie de Dresde; épr. avant la lettre.

171 Dix-sept Pièces, d'après le même, par Danckerts, J. Aliamet, MM. Daudet & de Quevauvillier, & autres, dont cinq avant la lettre; la Pleine Vendange, &c.

172 Trente-trois Pièces, Paysages, dont plusieurs avant la lettre, d'après Van-Den-Velde, Wynants, K. Dujardin, Both, Teniers, Breenberg, & autres; par différens Graveurs.

173 Vingt-quatre Paysages, d'après Van-Der-Neer, B. Peters & Brinckmann; par Aliamet, Duret, Lebas, Leveau, Michel, & autres.

174 Dix Pièces, d'après Ostade, Bartholomé, Solvyns & Dietricy, dont la Baraque rustique, & Pendant; Estampes en couleur, par Janinet.

175 Huit Paysages avant la lettre, d'après Scovart, Dietricy, Loutherbourg, Mayer & Brandt; par MM. Guttemberg, Delaunay, de Quevauvillier & de Mouchy; Ruines romaines, &c.

176 Trente-six Paysages, d'après Wagner, Hackert, & autres, dont plusieurs gravées par Aliamet, M. Daudet, &c.

177 Six Paysages avant la lettre, d'après Vernet, par Aliamet, Leveau & M. Daudet; Vue de Posslipe, rivage près de Tivoli, &c.

178 Huit Paysages avant la lettre, d'après le

même; Vues du Levant, par Aliamet; Port près de Naples, par Zingg, &c.

179 Trois Pièces, idem; Tempêtes, par Balechou & Flipart.

180 Six Paysages, idem; Paysages par Aliamet, Flipart, Cousinet & Gouaz; Pêche de jour & de nuit, &c.

181 Douze Pièces, idem, par Duret, Cousinet, Leveau, Miger, Helman, & autres; les Pêcheurs fortunés, &c.

182 Douze autres, idem, par Cathelin, Leveau, & autres; Vues des environs de Bayonne, &c.

183 Dix-neuf autres, par les mêmes, Duret, Laurent, Cousinet, &c., dont l'Arrivée des Pêcheurs.

184 Six Paysages avant la lettre, d'après la Hyre, le Prince, M. Hu, &c., dont les les Georgiennes au bain, & une Vue perspective de la ville de Rouen, par M. Godefroy.

185 Huit Paysages avant la lettre, d'après le Prince, Olivier & Mettay; les Bergers Romains, & Vue du Golfe de Naples, par Zingg; épr. avant la lettre.

186 Huit Paysages & Ruines, d'après M. Robert,

bert, & autres, dont quatre imprimés en couleur & gravés par M. Janinet.

187 Trente Paysages, d'après Pillement, gravés par Woolett, Benazeche, Canot & autres.

188 Vingt-six Pièces, Paysages divers, par différens Graveurs.

189 Trente-six Pièces, Paysages & Ruines, par le Prince, & d'après Boucher, M. Demachy, & autres.

190 Dix-huit grandes Pièces, Fêtes & Pompes funèbres, par Cochin & autres.

191 Le Développement de la grande Galerie de Versailles, & le Sacre de Louis XVI, gravés par Cochin & M. Moreau.

192 Quatre Pièces par MM. Choffard, de Longueil & Varin; Vue du Pont d'Orléans, Cartouche de la Carte du cours de la Moselle & de la Sarre.

193 Quatorze Pièces : Coupe de la Route de Paris à Brest, par M. l'Abbé Chappe. Vue de l'élévation de la Statue équestre de Louis XV & celle du Palais-Royal, avant la lettre; par MM. Varin & de Monchy.

194 Six Pièces allégoriques, dont plusieurs

C

à la gloire du Roi, gravés par Masquelier. Epreuve avant la lettre.

VOLUMES D'ESTAMPES, VIGNETTES ET PIÈCES DIVERSES.

195 Les sept premières livraisons de la Sainte Bible, d'après les Dessins de M. Marillier, par les meilleurs Graveurs. Edition *in-4°*.

196 Les sept premières livraisons de la même suite, *in-8°*.

197 Quarante des premières livraisons du Nouveau-Testament, avec texte latin & françois, les figures, d'après les Dessins de M. Moreau; par les plus habiles Graveurs de la Capitale.

198 Les Métamorphoses d'Ovide, gravées sur les Dessins des meilleurs Peintres François, avec texte latin & la traduction en françois; par l'Abbé Banier. A Paris, 1767; quatre volumes *in-4.°* relié en veau à filets, doré sur tranche.

199 Les Figures de la Jérusalem délivrée, en quarante Pièces, d'après les Dessins de Cochin; par MM. Tillard, Delignon,

Simonet, Dambrum & autres; 1 vol. *in*-4°. relié en veau.

200 Roland Furieux, en quatre-vingt-douze Figures, d'après Eisen, Cochin, Cipriani, MM. Monet & Moreau; par M. Ponce & autres, avec texte traduit d'après l'Ariofte; par M. d'Ussieux; quatre volumes *in*-4°. Paris 1776.

201 Les douze premières livraisons des Figures de Télémaque, d'après les Deffins de M. Monnet; par M. Tillard. Paris 1773, avec le texte, en feuilles.

202 Le Temple de Gnide, avec figures; d'après Eisen; par M. Lemire & autres, & le texte par Montefquiou, 1 vol.

203 Le Temple de Gnide, avec figures, d'après M. Monet; par différens Graveurs, & le texte en vers, par Colardeau, 1 vol.

204 Les Baisers de Dorat, avec figures, d'après Eisen, relié en maroquin, doré sur tranche; la Haye 1770, 1 vol.

205 Les Fables, par le même, avec figures d'après les deffins de M. Marillier, 1 vol. relié en veau; La Haye, 1773.

206 Les 25 premières Livraisons de la Galerie du Palais-Royal, d'après les Tableaux

qui la compofent, gravées fous la direction de M. Couché, avec defcription hiftorique, par M. l'Abbé de Fontenai.

207 Arabefques antiques des Bains de Livie, d'après les Plafonds faits fur les deffins de Raphaël, par M. Ponce; les Campagnes de Dugué-Trouin, & vingt-une Pièces des Ecarts de la Nature, par M. & dame Regnault.

208 La fuite des Figures du Roland Furieux, de l'Ariofte, en quarante-fix Pièces, d'après les deffins de Cipriani, Eifen, M. Cochin, Moreau, & autres, avec le texte en italien.

209 La même fuite double.

210 Deux fuites des mêmes Figures, avec la bordure.

211 Quatre autres fuites, idem, fans bordures, qui feront divifées fous ce N°.

212 La fuite des Figures du Roland, en quarante-fix Pièces, d'après Cochin, par M. Ponce. La feizième & la trentième ne font qu'à l'eau-forte.

213 Deux cent quarante Pièces, Figures pour les deux volumes des Pierres gravées du Cabinet de M. d'Orléans, par M. Saint-Aubin, & autres.

214 Deux suites des Figures pour les Œuvres Philosophiques de M. l'Abbé Raynal, par MM. Delaunay, Guttemberg, & autres.

215 Les Figures des 2 volumes des Fables de Dorat, d'après les dessins de M. Marillier, par différens Graveurs, en deux cent une Pièces.

216 Les quatre Cahiers de Chansons de M. de la Borde, en cent quatre-vingt-seize Pièces, eau-forte, & finis par MM. Moreau, le Barbier & le Bouteux.

217 Cent Vignettes, d'après les dessins de Gravelot, MM. Monet, Marillier & Moreau ; dont celle pour les douze Chants de *la Secchia Rapita* ; les Fastes de Marie-Thérèse d'Autriche, &c.

218 Quatre-vingt-douze Vignettes & Fleurons pour l'Histoire de la Maison de Bourbon, & celles des Métamorphoses d'Ovide, par MM. Moreau, Choffard & Prevost,

219 Cinquante-neuf Vignettes, dont vingt-sept pour l'Histoire de France du Président Hénault, les autres pour le Tarcis & l'Emille, d'après les dessins de Cochin & d'Eisen, par différens Graveurs.

220. Cent soixante-cinq Vignettes pour le Théâtre des Corneille, d'après les deſſins de Gravelot, par M. le Mire; les autres pour les Contes de la Fontaine & l'Almanach Iconologique.

221 Trois ſuites des Figures gravées pour les Œuvres de M. de Caylus, en vingt-cinq Pièces, compris le Portrait, d'après les deſſins de Cochin & M. Marillier, par MM. Delaunay jeune, Dambrun, & autres.

222 Quatre-vingt-cinq Vignettes & cul-de-lampe pour les Contes de Bocace, cinquante-huit pour ceux de la Fontaine, par M. Choffard; les autres pour l'Emile, d'après Cochin.

223 Cent deux Vignettes & Portraits pour les Œuvres de Voltaire, deſſinés par M. Moreau, & gravés ſous ſa direction.

224 Cent vingt-neuf Vignettes pour le Décaméron François de M. d'Uſſieux, les Baiſers de Dorat, d'après les deſſins de Gravelot, Eiſen, Cochin, M. Marillier, &c.

225 Cent cinquante-Vignettes pour la ſuite des Métamorphoſes d'Ovide & les Contes de la Fontaine, par différens Graveurs.

226 Cent cinquante Vignettes pour les Œuvres de MM. Marmontel & Berquin, d'après les deſſins de Gravelot & M. Marillier, par M. de Longueil & Ponce.

227 Cent quatre-vingt-huit Vignettes pour les Contes de la Fontaine, la Pucelle d'Orléans & les Fables de Dorat, d'après les Deſſins de Gravelot, Eiſen & M. Marillier.

228 Quatre-vingt-quinze Vignettes, dont pluſieurs pour les Œuvre de la Fontaine, Voltaire & Rouſſeau, &c.

229 Cent neuf Vignettes & Culs-de-lampes, dont pluſieurs des Œuvres de le Sage & l'Abbé Prévoſt, d'après les deſſins de M. Marillier.

230 Cent douze Vignettes, par MM. Moreau Choffard, Prevoſt, Delaunay & autres, dont pluſieurs pour les Saiſons de M. de Saint-Lambert, & le Jugement de Pâris, de M. Imbert.

231 Cent vingt-une Vignettes pour l'Illiade d'Homere, les Georgiques de Virgiles, les Œuvres de Crébillon, Rouſſeau, & autres, par différens Graveurs.

232 Quatre-vingt-dix-huit Vignettes, par Simonet, Baquoy, Flipart, MM. Fli-

C 4

part, MM. Ponce & Lemire, pour différents Ouvrages.

233 Cent Vignettes par MM. Helman, Delaunay jeune, Gaucher, Lingée, Saint-Aubin, & autres, pour divers ouvrages.

234 Cent soixante Vignettes, la plupart par Cochin & M. Prevost, & d'après eux par differens Graveurs.

235 Cent soixante-quatorze Vignettes, dont plusieurs par MM. Moreau & Queverdot; dans les autres, il s'en trouve pour les Métamorphoses, & les Œuvres de le Sage & l'Abbé Prevost.

236 Plusieurs Suites des Œuvres de Lesage, & l'Abbé Prevost, les Contes des Fées, & les Œuvres de M. de Tressan, qui seront divisées sous ce N°.

237 Plus de douze cens Vignettes pour différens Ouvrages, qui seront divisées en plusieurs Lots.

238 Neuf cents Eau-forte de Vignettes & Cul-de-Lampes, &c. qui seront pareillement divisées.

239 Plus de neuf cens Vignettes du Roland-Furieux & autres Ouvrages, par MM. Bartolozzi, Delaunay, Prevost & autres habiles Graveurs qui seront divisées.

240 Plus de trois cens Vignettes pour les

Œuvres de J. J. Rousseau & autres, la plupart par feu M. Delaunay, qui seront divisées sous ce numéro.

241 Plus de cinq cents Vignettes pour les Œuvres Philosophiques & Politiques de M. l'Abbé Raynal & autres, par les mêmes, qui seront pareillement divisées.

242 Plus de cent cinquante Pièces des Costumes François, avant & avec la Lettre, par différens Graveurs, d'après les Desssins de M. Moreau.

243 Un Porte-feuille de Sujets & Payfages divers à l'eau-forte, par différens Graveurs, lesquels seront divisés.

244 Un Porte-feuille d'Estampes, par différents Maîtres, & un grand nombre d'Epreuves non terminés, des Planches de feu M. Delaunay, qui seront pareillement divisées.

245 Deux Pièces avant la lettre, par M. Delaunay jeune ; le Bain des Femmes Turques, d'après M. le Barbier, & les dernières Paroles de Mirabeau, d'après M. Borel.

246 Neuf Pièces, dont le Tombeau de J. J. Rousseau, première Epreuve, par M. Moreau ; le Titre de l'Encyclopédie, d'après Cochin, par M. Prevost.

247 Quarante-huit Pièces, Sujets, Vignettes & Culs-de-Lampes, la plupart gravés par M. Choffard.

248 Onze Pièces, par MM. Ponce, Gaucher, Lemire & Simonet, Sujets des Guerres de l'Amérique ; la Mort du Chevalier d'Assas, &c.

249 Vingt-huit Pièces, d'après différens Maîtres pour les Galeries de Florence & du Palais-Royal ; les Cabinets Choiseul & Lebrun, &c. dont plusieurs avant la lettre.

250 Vingt-quatre Pièces, dont plusieurs pour l'Histoire Métallique, d'après Boucher & Cochin.

251 Soixante Pièces pour les Voyages de la Grèce de l'Italie & de la Suisse.

PORTRAITS.

252 Charles Ier. & sa Famille, d'après Antoine Van-Dyck, par M. Massard, Ep. avant la lettre.

253 La même Estampe, avec la Lettre & le Portrait de la Reine d'Anglettère, accompagnée de ses enfans, par M. Strange.

254 Le Portrait de Louis XVI, d'après le Tableau de M. Callet, par M. Bervic, Epreuve avant la lettre.

255 Le même Portrait, première Epreuve, avec la lettre.

256 Les Portraits de le Kain & de M. de Senac, par MM. Saint Aubin & Bervic, Ep. avant la lettre.

257 Les Portraits des Enfans de France, par M. Blot, & celui de Madame Lebrun, par Muller, Ep. avant la lettre.

258 Cinq Portraits, par M. Ficquet, dont Lamothe, Fénélon, Molière, & J. B. Rousseau. Ces deux derniers sont avant la lettre.

259 Six autres, par le même, dont Lamothe-Levayer, Voltaire & Crébillon.

260 Douze autres, *idem*, Descartes, l'Ariofte, Cicéron & Eifen, &c.

261 Huit Petits Portraits, par le même, & autres, dont celui de la Fontaine, par M. Lemire.

262 Quarante-quatre Portraits d'Artistes, par Cochin, & d'après lui, par MM. Prevost, Choffard & autres.

263 Soixante Portraits & quarante eau-forte des mêmes planches, en tout cent portraits gravés, par M. Saint-Aubin, dont Henri IV, Charles XII, Corneille, Voltaire, Rousseau, Gluck & M. Necker.

264 Huit Portraits, dont Samuel Bernard, par Drevet; le Roi de Sardaigne, par M. de Saint-Aubin, & ceux d'Henri IV, & Sully en couleur, par M. Janinet.

265 Un Porte-feuille de Portraits, par différens Artistes; les autres, par feu M. Delaunay, dont plusieurs pour la Suite des Hommes célèbres, ceux de Detroy, & Leclerc fils; Morceaux de Réception de l'Auteur à l'Académie, &c. qui feront divifés fous ce numéro.

266 Plufieurs Paffe-par-tout & Portes-feuilles qui feront divifés fous ce numéro.

267 Un Enfant en bronze, un Groupe & un Priape en terre cuite, fous leurs cages de verre.

268 Divers Bas-Reliefs, Figures & Etudes en plâtre, qui feront divifés fous ce numéro.

269 Divers objets qui auroient pu être omis, feront vendus fous ce numéro.

CATALOGUE

Des Planches gravées qui compofent le fond de M. Delaunay, Graveur du Roi.
Planches gravées par M. Delaunay.

270 La Marche de Silène, d'après P. P. Rubens, avec cent quatre-vingt-feize Epreuves, dont quarante avant la lettre.

271 La Partie de Plaifir, d'après J. Weeninx,

avec deux-cents-soixante épreuves, dont cent-quatre-vingt, avant la lettre.

272 Deux Planches, d'après Loutherbourg & Meyer, le Four à chaux & la Chûte dangereuse, avec deux-cents-treize épreuves, dont sept avant la lettre.

273 Angélique & Médor, d'après Raoux, avec deux-cents-quatre-vingt-dix-huit épreuves, dont cent-trente-trois avant la lettre.

274 Première leçon d'Amitié fraternelle, d'après Aubri, avec quatre-vingt-dix épreuves, dont cinquante-trois avant la lettre.

275 Deux Planches, d'après le Prince, la Lettre envoyée & la Lettre rendue, avec cent-six épreuves, dont cinquante-trois avant la lettre.

276 Deux Planches; la Sentinelle en défaut & l'Épouse indiscrette, d'après Baudouin, avec cent-quarante-huit épreuves, dont quatre avant la lettre.

277 Deux Planches, le Carquois épuisé & les Soins tardifs, d'après le même, avec cent-soixante-dix-sept épreuves, dont dix-sept avant la lettre.

278 Deux Planches; l'Heureux moment &

la Confolation de l'abfence, d'après M. Lavreince, avec deux-cents-foixante-trois épreuves, dont quatre-vingt-dix-neuf avant la lettre.

279 Deux Planches; la Complaifance maternelle & le Petit-Jour, d'après Freudeberg, avec cent-quarante-trois épreuves, dont trente-huit avant la lettre.

280 La Canne à crochet, d'après M. Lavreince, Planche non terminée.

281 La Bonne Mère, d'après M. Fragonard, avec cent-foixante-dix épreuves, dont plufieurs avec le cercle blanc.

282 Les Hafards heureux de l'Efcarpolette, d'après le même avec cent-quatre-vingt-onze épreuves, dont quatorze avant la lettre.

283 Le Chiffre d'Amour, d'après le même, avc trois-cents-quarante-fix épreuves, dont trente-cinq avant la lettre.

284 Deux Planches; *Qu'en dit l'Abbé?* & le Billet doux, avec cinq-cents-quatre-vingt-cinq épreuves, dont foixante & quinze avant la lettre.

285 Quatorze Planches, d'après Bertin, Aubri, le Prince, Freudeberg, Baudouin, M. Fragonard, Mademoifelle

Gérard & M. Van-Goop; l'Heureuse Fécondité, quatre-vingt-dix-sept épreuves; le Bonheur du Ménage, dix-sept épreuves, dont deux avant la lettre; les Baignets, cent-deux épreuves, dont deux avant la lettre; *Dites donc, s'il vous plaît*, quatre-vingt-quatorze épreuves, dont vingt-trois avant la lettre; la Gaîté conjugale, cent trois épr., dont 55 avant la lettre; la Félicité Villageoise, cent-soixante-treize épreuves, dont soixante-une avant la lettre; l'Enfant cheri, quatre-vingt-cinq épreuves, dont soixante-une avant la lettre; l'Abus de la Crédulité, cent-huit épreuves, dont soixante-douze avant la lettre; le petit Prédicateur, trois-cents-quatre-vingt-neuf épreuves, dont quatre-vingt-sept avant la lettre; *l'Éducation fait tout*, cinquante-quatre épreuves, dont quatre-vingt-cinq avant la lettre; la Gaieté de Silène, deux-cents-soixante-dix sept épreuves, dont soixante-quinze avant la lettre; les Regrets mérités, deux-cents-quarante épreuves, dont soixante-quatre avant la lettre; le Poëte Anacréon, cinq épreuves; le Portrait, Planche non terminée.

Par M. Delaunay, jeune.

286 Les Adieux de la Nourrice, d'après Aubri, cent-trente-trois épreuves, dont cinquante-six avant la lettre.

Planches par Flipart.

287 La Chasse aux Tigres, d'après F. Boucher, quatre épreuves; la Chasse à l'Ours, d'après Vanloo, quatre ép.

Par Jonxis & autres.

288. Deux Planches, les Vestales, d'après Raoux, vingt-sept épreuves, dont trois avant la lettre.

289 Vénus & l'Amour, d'après Lucas Giordano, deux épreuves.

290 Les Vierges folles, d'après Raoux, 13 Epreuves.

291 Le Mari Prudent, d'après Baudouin, planche non terminée.

292 Tarquin & Lucrèce, d'après Lairesse, Planche non terminée.

293 Plusieurs Planches en cuivre, & divers ustensiles de Graveur qui seront divisés sous ce numéro.

De l'Imprimerie de QUILLAU, rue du Fouare, N. 3.

www.ingramcontent.com/pod-product-compliance
Lightning Source LLC
Chambersburg PA
CBHW070657050426
42451CB00008B/399